BEEN THERE
DUN THAT
JOURNAL CO.

ARENA:_____
City/State: _____
Show/Rodeo:_____
EVENT:_____

Draw #: _____ Time: _____ Placing: _____

Entry Fee: $ _____ Winnings: $ _____

ARENA:_____
City/State: _____
Show/Rodeo:_____
EVENT:_____

Draw #: _____ Time: _____ Placing: _____

Entry Fee: $ _____ Winnings: $ _____

ARENA:_____
City/State: _____
Show/Rodeo:_____
EVENT:_____

Draw #: _____ Time: _____ Placing: _____

Entry Fee: $ _____ Winnings: $ _____

ARENA:_____
City/State: _____
Show/Rodeo:_____
EVENT:_____

Draw #: _____ Time: _____ Placing: _____

Entry Fee: $ _____ Winnings: $ _____

ARENA:_____

City/State: _____

Show/Rodeo:_____

EVENT:_____

Draw #:_____ Time:_____ Placing:_____

Entry Fee: $_____ Winnings: $_____

ARENA:_____

City/State: _____

Show/Rodeo:_____

EVENT:_____

Draw #:_____ Time:_____ Placing:_____

Entry Fee: $_____ Winnings: $_____

ARENA:_____

City/State: _____

Show/Rodeo:_____

EVENT:_____

Draw #:_____ Time:_____ Placing:_____

Entry Fee: $_____ Winnings: $_____

ARENA:_____

City/State: _____

Show/Rodeo:_____

EVENT:_____

Draw #:_____ Time:_____ Placing:_____

Entry Fee: $_____ Winnings: $_____

ARENA:_____

City/State: _____

Show/Rodeo:_____

EVENT:_____

Draw #: _____ Time: _____ Placing: _____

Entry Fee: $ _____ Winnings: $ _____

ARENA:_____

City/State: _____

Show/Rodeo:_____

EVENT:_____

Draw #: _____ Time: _____ Placing: _____

Entry Fee: $ _____ Winnings: $ _____

ARENA:_____

City/State: _____

Show/Rodeo:_____

EVENT:_____

Draw #: _____ Time: _____ Placing: _____

Entry Fee: $ _____ Winnings: $ _____

ARENA:_____

City/State: _____

Show/Rodeo:_____

EVENT:_____

Draw #: _____ Time: _____ Placing: _____

Entry Fee: $ _____ Winnings: $ _____

ARENA:_____

City/State:_____

Show/Rodeo:_____

EVENT:_____

Draw #:_____ Time:_____ Placing:_____

Entry Fee: $_____ Winnings: $_____

ARENA:_____

City/State:_____

Show/Rodeo:_____

EVENT:_____

Draw #:_____ Time:_____ Placing:_____

Entry Fee: $_____ Winnings: $_____

ARENA:_____

City/State:_____

Show/Rodeo:_____

EVENT:_____

Draw #:_____ Time:_____ Placing:_____

Entry Fee: $_____ Winnings: $_____

ARENA:_____

City/State:_____

Show/Rodeo:_____

EVENT:_____

Draw #:_____ Time:_____ Placing:_____

Entry Fee: $_____ Winnings: $_____

ARENA:_____

City/State:_____

Show/Rodeo:_____

EVENT:_____

Draw #:_____ Time:_____ Placing:_____

Entry Fee: $_____ Winnings: $_____

ARENA:_____

City/State:_____

Show/Rodeo:_____

EVENT:_____

Draw #:_____ Time:_____ Placing:_____

Entry Fee: $_____ Winnings: $_____

ARENA:_____

City/State:_____

Show/Rodeo:_____

EVENT:_____

Draw #:_____ Time:_____ Placing:_____

Entry Fee: $_____ Winnings: $_____

ARENA:_____

City/State:_____

Show/Rodeo:_____

EVENT:_____

Draw #:_____ Time:_____ Placing:_____

Entry Fee: $_____ Winnings: $_____

ARENA:_____

City/State: _____

Show/Rodeo:_____

EVENT:_____

Draw #: _____ Time: _____ Placing: _____

Entry Fee: $ _____ Winnings: $ _____

ARENA:_____

City/State: _____

Show/Rodeo:_____

EVENT:_____

Draw #: _____ Time: _____ Placing: _____

Entry Fee: $ _____ Winnings: $ _____

ARENA:_____

City/State: _____

Show/Rodeo:_____

EVENT:_____

Draw #: _____ Time: _____ Placing: _____

Entry Fee: $ _____ Winnings: $ _____

ARENA:_____

City/State: _____

Show/Rodeo:_____

EVENT:_____

Draw #: _____ Time: _____ Placing: _____

Entry Fee: $ _____ Winnings: $ _____

ARENA:_____

City/State:_____

Show/Rodeo:_____

EVENT:_____

Draw #:_____ Time:_____ Placing:_____

Entry Fee: $_____ Winnings: $_____

ARENA:_____

City/State:_____

Show/Rodeo:_____

EVENT:_____

Draw #:_____ Time:_____ Placing:_____

Entry Fee: $_____ Winnings: $_____

ARENA:_____

City/State:_____

Show/Rodeo:_____

EVENT:_____

Draw #:_____ Time:_____ Placing:_____

Entry Fee: $_____ Winnings: $_____

ARENA:_____

City/State:_____

Show/Rodeo:_____

EVENT:_____

Draw #:_____ Time:_____ Placing:_____

Entry Fee: $_____ Winnings: $_____

ARENA:_____

City/State: _____

Show/Rodeo:_____

EVENT:_____

Draw #: _____ Time: _____ Placing:_____

Entry Fee: $ _____ Winnings: $_____

ARENA:_____

City/State: _____

Show/Rodeo:_____

EVENT:_____

Draw #: _____ Time: _____ Placing:_____

Entry Fee: $ _____ Winnings: $_____

ARENA:_____

City/State: _____

Show/Rodeo:_____

EVENT:_____

Draw #: _____ Time: _____ Placing:_____

Entry Fee: $ _____ Winnings: $_____

ARENA:_____

City/State: _____

Show/Rodeo:_____

EVENT:_____

Draw #: _____ Time: _____ Placing:_____

Entry Fee: $ _____ Winnings: $_____

ARENA: _____

City/State: _____

Show/Rodeo: _____

EVENT: _____

Draw #: _____ Time: _____ Placing: _____

Entry Fee: $ _____ Winnings: $ _____

ARENA: _____

City/State: _____

Show/Rodeo: _____

EVENT: _____

Draw #: _____ Time: _____ Placing: _____

Entry Fee: $ _____ Winnings: $ _____

ARENA: _____

City/State: _____

Show/Rodeo: _____

EVENT: _____

Draw #: _____ Time: _____ Placing: _____

Entry Fee: $ _____ Winnings: $ _____

ARENA: _____

City/State: _____

Show/Rodeo: _____

EVENT: _____

Draw #: _____ Time: _____ Placing: _____

Entry Fee: $ _____ Winnings: $ _____

ARENA:_____

City/State: _____

Show/Rodeo:_____

EVENT:_____

Draw #: _____ Time: _____ Placing: _____

Entry Fee: $ _____ Winnings: $ _____

ARENA:_____

City/State: _____

Show/Rodeo:_____

EVENT:_____

Draw #: _____ Time: _____ Placing: _____

Entry Fee: $ _____ Winnings: $ _____

ARENA:_____

City/State: _____

Show/Rodeo:_____

EVENT:_____

Draw #: _____ Time: _____ Placing: _____

Entry Fee: $ _____ Winnings: $ _____

ARENA:_____

City/State: _____

Show/Rodeo:_____

EVENT:_____

Draw #: _____ Time: _____ Placing: _____

Entry Fee: $ _____ Winnings: $ _____

ARENA:_____
City/State: _____
Show/Rodeo:_____
EVENT:_____

Draw #:_____ Time:_____ Placing:_____

Entry Fee: $_____ Winnings: $_____

ARENA:_____
City/State: _____
Show/Rodeo:_____
EVENT:_____

Draw #:_____ Time:_____ Placing:_____

Entry Fee: $_____ Winnings: $_____

ARENA:_____
City/State: _____
Show/Rodeo:_____
EVENT:_____

Draw #:_____ Time:_____ Placing:_____

Entry Fee: $_____ Winnings: $_____

ARENA:_____
City/State: _____
Show/Rodeo:_____
EVENT:_____

Draw #:_____ Time:_____ Placing:_____

Entry Fee: $_____ Winnings: $_____

ARENA:_____

City/State:_____

Show/Rodeo:_____

EVENT:_____

Draw #:_____ Time:_____ Placing:_____

Entry Fee: $_____ Winnings: $_____

ARENA:_____

City/State:_____

Show/Rodeo:_____

EVENT:_____

Draw #:_____ Time:_____ Placing:_____

Entry Fee: $_____ Winnings: $_____

ARENA:_____

City/State:_____

Show/Rodeo:_____

EVENT:_____

Draw #:_____ Time:_____ Placing:_____

Entry Fee: $_____ Winnings: $_____

ARENA:_____

City/State:_____

Show/Rodeo:_____

EVENT:_____

Draw #:_____ Time:_____ Placing:_____

Entry Fee: $_____ Winnings: $_____

ARENA:_____

City/State:_____

Show/Rodeo:_____

EVENT:_____

Draw #:_____ Time:_____ Placing:_____

Entry Fee: $_____ Winnings: $_____

ARENA:_____

City/State:_____

Show/Rodeo:_____

EVENT:_____

Draw #:_____ Time:_____ Placing:_____

Entry Fee: $_____ Winnings: $_____

ARENA:_____

City/State:_____

Show/Rodeo:_____

EVENT:_____

Draw #:_____ Time:_____ Placing:_____

Entry Fee: $_____ Winnings: $_____

ARENA:_____

City/State:_____

Show/Rodeo:_____

EVENT:_____

Draw #:_____ Time:_____ Placing:_____

Entry Fee: $_____ Winnings: $_____

ARENA:_____

City/State:_____

Show/Rodeo:_____

EVENT:_____

Draw #:_____ Time:_____ Placing:_____

Entry Fee: $_____ Winnings: $_____

ARENA:_____

City/State:_____

Show/Rodeo:_____

EVENT:_____

Draw #:_____ Time:_____ Placing:_____

Entry Fee: $_____ Winnings: $_____

ARENA:_____

City/State:_____

Show/Rodeo:_____

EVENT:_____

Draw #:_____ Time:_____ Placing:_____

Entry Fee: $_____ Winnings: $_____

ARENA:_____

City/State:_____

Show/Rodeo:_____

EVENT:_____

Draw #:_____ Time:_____ Placing:_____

Entry Fee: $_____ Winnings: $_____

ARENA:_____
City/State:_____
Show/Rodeo:_____
EVENT:_____

Draw #:_____ Time:_____ Placing:_____

Entry Fee: $_____ Winnings: $_____

ARENA:_____
City/State:_____
Show/Rodeo:_____
EVENT:_____

Draw #:_____ Time:_____ Placing:_____

Entry Fee: $_____ Winnings: $_____

ARENA:_____
City/State:_____
Show/Rodeo:_____
EVENT:_____

Draw #:_____ Time:_____ Placing:_____

Entry Fee: $_____ Winnings: $_____

ARENA:_____
City/State:_____
Show/Rodeo:_____
EVENT:_____

Draw #:_____ Time:_____ Placing:_____

Entry Fee: $_____ Winnings: $_____

ARENA:_____

City/State:_____

Show/Rodeo:_____

EVENT:_____

Draw #:_____ Time:_____ Placing:_____

Entry Fee: $ _____ Winnings: $ _____

ARENA:_____

City/State:_____

Show/Rodeo:_____

EVENT:_____

Draw #:_____ Time:_____ Placing:_____

Entry Fee: $ _____ Winnings: $ _____

ARENA:_____

City/State:_____

Show/Rodeo:_____

EVENT:_____

Draw #:_____ Time:_____ Placing:_____

Entry Fee: $ _____ Winnings: $ _____

ARENA:_____

City/State:_____

Show/Rodeo:_____

EVENT:_____

Draw #:_____ Time:_____ Placing:_____

Entry Fee: $ _____ Winnings: $ _____

ARENA:_____

City/State: _____

Show/Rodeo:_____

EVENT:_____

Draw #:_____ Time:_____ Placing:_____

Entry Fee: $ _____ Winnings: $ _____

ARENA:_____

City/State: _____

Show/Rodeo:_____

EVENT:_____

Draw #:_____ Time:_____ Placing:_____

Entry Fee: $ _____ Winnings: $ _____

ARENA:_____

City/State: _____

Show/Rodeo:_____

EVENT:_____

Draw #:_____ Time:_____ Placing:_____

Entry Fee: $ _____ Winnings: $ _____

ARENA:_____

City/State: _____

Show/Rodeo:_____

EVENT:_____

Draw #:_____ Time:_____ Placing:_____

Entry Fee: $ _____ Winnings: $ _____

ARENA: _____

City/State: _____

Show/Rodeo: _____

EVENT: _____

Draw #: _____ Time: _____ Placing: _____

Entry Fee: $ _____ Winnings: $ _____

ARENA: _____

City/State: _____

Show/Rodeo: _____

EVENT: _____

Draw #: _____ Time: _____ Placing: _____

Entry Fee: $ _____ Winnings: $ _____

ARENA: _____

City/State: _____

Show/Rodeo: _____

EVENT: _____

Draw #: _____ Time: _____ Placing: _____

Entry Fee: $ _____ Winnings: $ _____

ARENA: _____

City/State: _____

Show/Rodeo: _____

EVENT: _____

Draw #: _____ Time: _____ Placing: _____

Entry Fee: $ _____ Winnings: $ _____

ARENA: _____

City/State: _____

Show/Rodeo: _____

EVENT: _____

Draw #: _____ Time: _____ Placing: _____

Entry Fee: $ _____ Winnings: $ _____

ARENA: _____

City/State: _____

Show/Rodeo: _____

EVENT: _____

Draw #: _____ Time: _____ Placing: _____

Entry Fee: $ _____ Winnings: $ _____

ARENA: _____

City/State: _____

Show/Rodeo: _____

EVENT: _____

Draw #: _____ Time: _____ Placing: _____

Entry Fee: $ _____ Winnings: $ _____

ARENA: _____

City/State: _____

Show/Rodeo: _____

EVENT: _____

Draw #: _____ Time: _____ Placing: _____

Entry Fee: $ _____ Winnings: $ _____

ARENA:_____

City/State: _____

Show/Rodeo:_____

EVENT:_____

Draw #:_____ Time:_____ Placing:_____

Entry Fee: $_____ Winnings: $_____

ARENA:_____

City/State: _____

Show/Rodeo:_____

EVENT:_____

Draw #:_____ Time:_____ Placing:_____

Entry Fee: $_____ Winnings: $_____

ARENA:_____

City/State: _____

Show/Rodeo:_____

EVENT:_____

Draw #:_____ Time:_____ Placing:_____

Entry Fee: $_____ Winnings: $_____

ARENA:_____

City/State: _____

Show/Rodeo:_____

EVENT:_____

Draw #:_____ Time:_____ Placing:_____

Entry Fee: $_____ Winnings: $_____

ARENA:_____
City/State:_____
Show/Rodeo:_____
EVENT:_____

Draw #:_____ Time:_____ Placing:_____

Entry Fee: $_____ Winnings: $_____

ARENA:_____
City/State:_____
Show/Rodeo:_____
EVENT:_____

Draw #:_____ Time:_____ Placing:_____

Entry Fee: $_____ Winnings: $_____

ARENA:_____
City/State:_____
Show/Rodeo:_____
EVENT:_____

Draw #:_____ Time:_____ Placing:_____

Entry Fee: $_____ Winnings: $_____

ARENA:_____
City/State:_____
Show/Rodeo:_____
EVENT:_____

Draw #:_____ Time:_____ Placing:_____

Entry Fee: $_____ Winnings: $_____

ARENA:_____
City/State: _____
Show/Rodeo:_____
EVENT:_____

Draw #: _____ Time: _____ Placing: _____
Entry Fee: $ _____ Winnings: $ _____

ARENA:_____
City/State: _____
Show/Rodeo:_____
EVENT:_____

Draw #: _____ Time: _____ Placing: _____
Entry Fee: $ _____ Winnings: $ _____

ARENA:_____
City/State: _____
Show/Rodeo:_____
EVENT:_____

Draw #: _____ Time: _____ Placing: _____
Entry Fee: $ _____ Winnings: $ _____

ARENA:_____
City/State: _____
Show/Rodeo:_____
EVENT:_____

Draw #: _____ Time: _____ Placing: _____
Entry Fee: $ _____ Winnings: $ _____

ARENA:_____
City/State: _____
Show/Rodeo:_____
EVENT:_____

Draw #: _____ Time: _____ Placing: _____

Entry Fee: $ _____ Winnings: $ _____

ARENA:_____
City/State: _____
Show/Rodeo:_____
EVENT:_____

Draw #: _____ Time: _____ Placing: _____

Entry Fee: $ _____ Winnings: $ _____

ARENA:_____
City/State: _____
Show/Rodeo:_____
EVENT:_____

Draw #: _____ Time: _____ Placing: _____

Entry Fee: $ _____ Winnings: $ _____

ARENA:_____
City/State: _____
Show/Rodeo:_____
EVENT:_____

Draw #: _____ Time: _____ Placing: _____

Entry Fee: $ _____ Winnings: $ _____

ARENA:_____

City/State:_____

Show/Rodeo:_____

EVENT:_____

Draw #:_____ Time:_____ Placing:_____

Entry Fee: $_____ Winnings: $_____

ARENA:_____

City/State:_____

Show/Rodeo:_____

EVENT:_____

Draw #:_____ Time:_____ Placing:_____

Entry Fee: $_____ Winnings: $_____

ARENA:_____

City/State:_____

Show/Rodeo:_____

EVENT:_____

Draw #:_____ Time:_____ Placing:_____

Entry Fee: $_____ Winnings: $_____

ARENA:_____

City/State:_____

Show/Rodeo:_____

EVENT:_____

Draw #:_____ Time:_____ Placing:_____

Entry Fee: $_____ Winnings: $_____

ARENA:_____

City/State: _____

Show/Rodeo:_____

EVENT:_____

Draw #: _____ Time: _____ Placing: _____

Entry Fee: $ _____ Winnings: $ _____

ARENA:_____

City/State: _____

Show/Rodeo:_____

EVENT:_____

Draw #: _____ Time: _____ Placing: _____

Entry Fee: $ _____ Winnings: $ _____

ARENA:_____

City/State: _____

Show/Rodeo:_____

EVENT:_____

Draw #: _____ Time: _____ Placing: _____

Entry Fee: $ _____ Winnings: $ _____

ARENA:_____

City/State: _____

Show/Rodeo:_____

EVENT:_____

Draw #: _____ Time: _____ Placing: _____

Entry Fee: $ _____ Winnings: $ _____

ARENA:_____
City/State: _____
Show/Rodeo:_____
EVENT:_____

Draw #: _____ Time: _____ Placing: _____
Entry Fee: $ _____ Winnings: $ _____

ARENA:_____
City/State: _____
Show/Rodeo:_____
EVENT:_____

Draw #: _____ Time: _____ Placing: _____
Entry Fee: $ _____ Winnings: $ _____

ARENA:_____
City/State: _____
Show/Rodeo:_____
EVENT:_____

Draw #: _____ Time: _____ Placing: _____
Entry Fee: $ _____ Winnings: $ _____

ARENA:_____
City/State: _____
Show/Rodeo:_____
EVENT:_____

Draw #: _____ Time: _____ Placing: _____
Entry Fee: $ _____ Winnings: $ _____

ARENA: _____

City/State: _____

Show/Rodeo: _____

EVENT: _____

Draw #: _____ Time: _____ Placing: _____

Entry Fee: $ _____ Winnings: $ _____

ARENA: _____

City/State: _____

Show/Rodeo: _____

EVENT: _____

Draw #: _____ Time: _____ Placing: _____

Entry Fee: $ _____ Winnings: $ _____

ARENA: _____

City/State: _____

Show/Rodeo: _____

EVENT: _____

Draw #: _____ Time: _____ Placing: _____

Entry Fee: $ _____ Winnings: $ _____

ARENA: _____

City/State: _____

Show/Rodeo: _____

EVENT: _____

Draw #: _____ Time: _____ Placing: _____

Entry Fee: $ _____ Winnings: $ _____

ARENA: _____
City/State: _____
Show/Rodeo: _____
EVENT: _____

Draw #: _____ Time: _____ Placing: _____

Entry Fee: $ _____ Winnings: $ _____

ARENA: _____
City/State: _____
Show/Rodeo: _____
EVENT: _____

Draw #: _____ Time: _____ Placing: _____

Entry Fee: $ _____ Winnings: $ _____

ARENA: _____
City/State: _____
Show/Rodeo: _____
EVENT: _____

Draw #: _____ Time: _____ Placing: _____

Entry Fee: $ _____ Winnings: $ _____

ARENA: _____
City/State: _____
Show/Rodeo: _____
EVENT: _____

Draw #: _____ Time: _____ Placing: _____

Entry Fee: $ _____ Winnings: $ _____

ARENA:_____
City/State:_____
Show/Rodeo:_____
EVENT:_____

Draw #:_____ Time:_____ Placing:_____

Entry Fee: $_____ Winnings: $_____

ARENA:_____
City/State:_____
Show/Rodeo:_____
EVENT:_____

Draw #:_____ Time:_____ Placing:_____

Entry Fee: $_____ Winnings: $_____

ARENA:_____
City/State:_____
Show/Rodeo:_____
EVENT:_____

Draw #:_____ Time:_____ Placing:_____

Entry Fee: $_____ Winnings: $_____

ARENA:_____
City/State:_____
Show/Rodeo:_____
EVENT:_____

Draw #:_____ Time:_____ Placing:_____

Entry Fee: $_____ Winnings: $_____

ARENA:_____

City/State: _____

Show/Rodeo:_____

EVENT:_____

Draw #: _____ Time: _____ Placing: _____

Entry Fee: $ _____ Winnings: $ _____

ARENA:_____

City/State: _____

Show/Rodeo:_____

EVENT:_____

Draw #: _____ Time: _____ Placing: _____

Entry Fee: $ _____ Winnings: $ _____

ARENA:_____

City/State: _____

Show/Rodeo:_____

EVENT:_____

Draw #: _____ Time: _____ Placing: _____

Entry Fee: $ _____ Winnings: $ _____

ARENA:_____

City/State: _____

Show/Rodeo:_____

EVENT:_____

Draw #: _____ Time: _____ Placing: _____

Entry Fee: $ _____ Winnings: $ _____

ARENA:_____

City/State: _____

Show/Rodeo:_____

EVENT:_____

Draw #: _____ Time:_____ Placing:_____

Entry Fee: $ _____ Winnings: $_____

ARENA:_____

City/State: _____

Show/Rodeo:_____

EVENT:_____

Draw #: _____ Time:_____ Placing:_____

Entry Fee: $ _____ Winnings: $_____

ARENA:_____

City/State: _____

Show/Rodeo:_____

EVENT:_____

Draw #: _____ Time:_____ Placing:_____

Entry Fee: $ _____ Winnings: $_____

ARENA:_____

City/State: _____

Show/Rodeo:_____

EVENT:_____

Draw #: _____ Time:_____ Placing:_____

Entry Fee: $ _____ Winnings: $_____

ARENA:_____
City/State:_____
Show/Rodeo:_____
EVENT:_____

Draw #:_____ Time:_____ Placing:_____

Entry Fee: $ _____ Winnings: $_____

ARENA:_____
City/State:_____
Show/Rodeo:_____
EVENT:_____

Draw #:_____ Time:_____ Placing:_____

Entry Fee: $ _____ Winnings: $_____

ARENA:_____
City/State:_____
Show/Rodeo:_____
EVENT:_____

Draw #:_____ Time:_____ Placing:_____

Entry Fee: $ _____ Winnings: $_____

ARENA:_____
City/State:_____
Show/Rodeo:_____
EVENT:_____

Draw #:_____ Time:_____ Placing:_____

Entry Fee: $ _____ Winnings: $_____

ARENA:_____

City/State: _____

Show/Rodeo:_____

EVENT:_____

Draw #:_____ Time:_____ Placing:_____

Entry Fee: $_____ Winnings: $_____

ARENA:_____

City/State: _____

Show/Rodeo:_____

EVENT:_____

Draw #:_____ Time:_____ Placing:_____

Entry Fee: $_____ Winnings: $_____

ARENA:_____

City/State: _____

Show/Rodeo:_____

EVENT:_____

Draw #:_____ Time:_____ Placing:_____

Entry Fee: $_____ Winnings: $_____

ARENA:_____

City/State: _____

Show/Rodeo:_____

EVENT:_____

Draw #:_____ Time:_____ Placing:_____

Entry Fee: $_____ Winnings: $_____

ARENA: _____

City/State: _____

Show/Rodeo: _____

EVENT: _____

Draw #: _____ Time: _____ Placing: _____

Entry Fee: $ _____ Winnings: $ _____

ARENA: _____

City/State: _____

Show/Rodeo: _____

EVENT: _____

Draw #: _____ Time: _____ Placing: _____

Entry Fee: $ _____ Winnings: $ _____

ARENA: _____

City/State: _____

Show/Rodeo: _____

EVENT: _____

Draw #: _____ Time: _____ Placing: _____

Entry Fee: $ _____ Winnings: $ _____

ARENA: _____

City/State: _____

Show/Rodeo: _____

EVENT: _____

Draw #: _____ Time: _____ Placing: _____

Entry Fee: $ _____ Winnings: $ _____

ARENA:_____

City/State:_____

Show/Rodeo:_____

EVENT:_____

Draw #:_____ Time:_____ Placing:_____

Entry Fee: $_____ Winnings: $_____

ARENA:_____

City/State:_____

Show/Rodeo:_____

EVENT:_____

Draw #:_____ Time:_____ Placing:_____

Entry Fee: $_____ Winnings: $_____

ARENA:_____

City/State:_____

Show/Rodeo:_____

EVENT:_____

Draw #:_____ Time:_____ Placing:_____

Entry Fee: $_____ Winnings: $_____

ARENA:_____

City/State:_____

Show/Rodeo:_____

EVENT:_____

Draw #:_____ Time:_____ Placing:_____

Entry Fee: $_____ Winnings: $_____

ARENA: _____

City/State: _____

Show/Rodeo: _____

EVENT: _____

Draw #: _____ Time: _____ Placing: _____

Entry Fee: $ _____ Winnings: $ _____

ARENA: _____

City/State: _____

Show/Rodeo: _____

EVENT: _____

Draw #: _____ Time: _____ Placing: _____

Entry Fee: $ _____ Winnings: $ _____

ARENA: _____

City/State: _____

Show/Rodeo: _____

EVENT: _____

Draw #: _____ Time: _____ Placing: _____

Entry Fee: $ _____ Winnings: $ _____

ARENA: _____

City/State: _____

Show/Rodeo: _____

EVENT: _____

Draw #: _____ Time: _____ Placing: _____

Entry Fee: $ _____ Winnings: $ _____

ARENA:_____

City/State: _____

Show/Rodeo:_____

EVENT:_____

Draw #:_____ Time:_____ Placing:_____

Entry Fee: $_____ Winnings: $_____

ARENA:_____

City/State: _____

Show/Rodeo:_____

EVENT:_____

Draw #:_____ Time:_____ Placing:_____

Entry Fee: $_____ Winnings: $_____

ARENA:_____

City/State: _____

Show/Rodeo:_____

EVENT:_____

Draw #:_____ Time:_____ Placing:_____

Entry Fee: $_____ Winnings: $_____

ARENA:_____

City/State: _____

Show/Rodeo:_____

EVENT:_____

Draw #:_____ Time:_____ Placing:_____

Entry Fee: $_____ Winnings: $_____

ARENA: _____

City/State: _____

Show/Rodeo: _____

EVENT: _____

Draw #: _____ Time: _____ Placing: _____

Entry Fee: $ _____ Winnings: $ _____

ARENA: _____

City/State: _____

Show/Rodeo: _____

EVENT: _____

Draw #: _____ Time: _____ Placing: _____

Entry Fee: $ _____ Winnings: $ _____

ARENA: _____

City/State: _____

Show/Rodeo: _____

EVENT: _____

Draw #: _____ Time: _____ Placing: _____

Entry Fee: $ _____ Winnings: $ _____

ARENA: _____

City/State: _____

Show/Rodeo: _____

EVENT: _____

Draw #: _____ Time: _____ Placing: _____

Entry Fee: $ _____ Winnings: $ _____

ARENA:_____

City/State:_____

Show/Rodeo:_____

EVENT:_____

Draw #:_____ Time:_____ Placing:_____

Entry Fee: $_____ Winnings: $_____

ARENA:_____

City/State:_____

Show/Rodeo:_____

EVENT:_____

Draw #:_____ Time:_____ Placing:_____

Entry Fee: $_____ Winnings: $_____

ARENA:_____

City/State:_____

Show/Rodeo:_____

EVENT:_____

Draw #:_____ Time:_____ Placing:_____

Entry Fee: $_____ Winnings: $_____

ARENA:_____

City/State:_____

Show/Rodeo:_____

EVENT:_____

Draw #:_____ Time:_____ Placing:_____

Entry Fee: $_____ Winnings: $_____

ARENA:_____
City/State:_____
Show/Rodeo:_____
EVENT:_____

Draw #:_____ Time:_____ Placing:_____
Entry Fee: $_____ Winnings: $_____

ARENA:_____
City/State:_____
Show/Rodeo:_____
EVENT:_____

Draw #:_____ Time:_____ Placing:_____
Entry Fee: $_____ Winnings: $_____

ARENA:_____
City/State:_____
Show/Rodeo:_____
EVENT:_____

Draw #:_____ Time:_____ Placing:_____
Entry Fee: $_____ Winnings: $_____

ARENA:_____
City/State:_____
Show/Rodeo:_____
EVENT:_____

Draw #:_____ Time:_____ Placing:_____
Entry Fee: $_____ Winnings: $_____

ARENA:_____
City/State: _____
Show/Rodeo:_____
EVENT:_____

Draw #:_____ Time:_____ Placing:_____

Entry Fee: $_____ Winnings: $_____

ARENA:_____
City/State: _____
Show/Rodeo:_____
EVENT:_____

Draw #:_____ Time:_____ Placing:_____

Entry Fee: $_____ Winnings: $_____

ARENA:_____
City/State: _____
Show/Rodeo:_____
EVENT:_____

Draw #:_____ Time:_____ Placing:_____

Entry Fee: $_____ Winnings: $_____

ARENA:_____
City/State: _____
Show/Rodeo:_____
EVENT:_____

Draw #:_____ Time:_____ Placing:_____

Entry Fee: $_____ Winnings: $_____

ARENA:_____

City/State: _____

Show/Rodeo:_____

EVENT:_____

Draw #: _____ Time: _____ Placing: _____

Entry Fee: $ _____ Winnings: $ _____

ARENA:_____

City/State: _____

Show/Rodeo:_____

EVENT:_____

Draw #: _____ Time: _____ Placing: _____

Entry Fee: $ _____ Winnings: $ _____

ARENA:_____

City/State: _____

Show/Rodeo:_____

EVENT:_____

Draw #: _____ Time: _____ Placing: _____

Entry Fee: $ _____ Winnings: $ _____

ARENA:_____

City/State: _____

Show/Rodeo:_____

EVENT:_____

Draw #: _____ Time: _____ Placing: _____

Entry Fee: $ _____ Winnings: $ _____

ARENA:_____
City/State: _____
Show/Rodeo:_____
EVENT:_____

Draw #:_____ Time:_____ Placing:_____

Entry Fee: $_____ Winnings: $_____

ARENA:_____
City/State: _____
Show/Rodeo:_____
EVENT:_____

Draw #:_____ Time:_____ Placing:_____

Entry Fee: $_____ Winnings: $_____

ARENA:_____
City/State: _____
Show/Rodeo:_____
EVENT:_____

Draw #:_____ Time:_____ Placing:_____

Entry Fee: $_____ Winnings: $_____

ARENA:_____
City/State: _____
Show/Rodeo:_____
EVENT:_____

Draw #:_____ Time:_____ Placing:_____

Entry Fee: $_____ Winnings: $_____

ARENA:_____

City/State: _____

Show/Rodeo: _____

EVENT:_____

Draw #: _____ Time: _____ Placing: _____

Entry Fee: $ _____ Winnings: $ _____

ARENA:_____

City/State: _____

Show/Rodeo: _____

EVENT:_____

Draw #: _____ Time: _____ Placing: _____

Entry Fee: $ _____ Winnings: $ _____

ARENA:_____

City/State: _____

Show/Rodeo: _____

EVENT:_____

Draw #: _____ Time: _____ Placing: _____

Entry Fee: $ _____ Winnings: $ _____

ARENA:_____

City/State: _____

Show/Rodeo: _____

EVENT:_____

Draw #: _____ Time: _____ Placing: _____

Entry Fee: $ _____ Winnings: $ _____

ARENA:_____

City/State:_____

Show/Rodeo:_____

EVENT:_____

Draw #:_____ Time:_____ Placing:_____

Entry Fee: $_____ Winnings: $_____

ARENA:_____

City/State:_____

Show/Rodeo:_____

EVENT:_____

Draw #:_____ Time:_____ Placing:_____

Entry Fee: $_____ Winnings: $_____

ARENA:_____

City/State:_____

Show/Rodeo:_____

EVENT:_____

Draw #:_____ Time:_____ Placing:_____

Entry Fee: $_____ Winnings: $_____

ARENA:_____

City/State:_____

Show/Rodeo:_____

EVENT:_____

Draw #:_____ Time:_____ Placing:_____

Entry Fee: $_____ Winnings: $_____

ARENA:_____
City/State: _____
Show/Rodeo:_____
EVENT:_____

Draw #: _____ Time: _____ Placing: _____

Entry Fee: $ _____ Winnings: $ _____

ARENA:_____
City/State: _____
Show/Rodeo:_____
EVENT:_____

Draw #: _____ Time: _____ Placing: _____

Entry Fee: $ _____ Winnings: $ _____

ARENA:_____
City/State: _____
Show/Rodeo:_____
EVENT:_____

Draw #: _____ Time: _____ Placing: _____

Entry Fee: $ _____ Winnings: $ _____

ARENA:_____
City/State: _____
Show/Rodeo:_____
EVENT:_____

Draw #: _____ Time: _____ Placing: _____

Entry Fee: $ _____ Winnings: $ _____

ARENA:_____
City/State: _____
Show/Rodeo:_____
EVENT :_____

Draw #:_____ Time:_____ Placing:_____

Entry Fee: $ _____ Winnings: $ _____

ARENA:_____
City/State: _____
Show/Rodeo:_____
EVENT :_____

Draw #:_____ Time:_____ Placing:_____

Entry Fee: $ _____ Winnings: $ _____

ARENA:_____
City/State: _____
Show/Rodeo:_____
EVENT :_____

Draw #:_____ Time:_____ Placing:_____

Entry Fee: $ _____ Winnings: $ _____

ARENA:_____
City/State: _____
Show/Rodeo:_____
EVENT :_____

Draw #:_____ Time:_____ Placing:_____

Entry Fee: $ _____ Winnings: $ _____

ARENA:_____

City/State: _____

Show/Rodeo:_____

EVENT:_____

Draw #: _____ Time: _____ Placing:_____

Entry Fee: $ _____ Winnings: $ _____

ARENA:_____

City/State: _____

Show/Rodeo:_____

EVENT:_____

Draw #: _____ Time: _____ Placing:_____

Entry Fee: $ _____ Winnings: $ _____

ARENA:_____

City/State: _____

Show/Rodeo:_____

EVENT:_____

Draw #: _____ Time: _____ Placing:_____

Entry Fee: $ _____ Winnings: $ _____

ARENA:_____

City/State: _____

Show/Rodeo:_____

EVENT:_____

Draw #: _____ Time: _____ Placing:_____

Entry Fee: $ _____ Winnings: $ _____

ARENA:_____
City/State:_____
Show/Rodeo:_____
EVENT:_____

Draw #:_____ Time:_____ Placing:_____

Entry Fee: $ _____ Winnings: $ _____

ARENA:_____
City/State:_____
Show/Rodeo:_____
EVENT:_____

Draw #:_____ Time:_____ Placing:_____

Entry Fee: $ _____ Winnings: $ _____

ARENA:_____
City/State:_____
Show/Rodeo:_____
EVENT:_____

Draw #:_____ Time:_____ Placing:_____

Entry Fee: $ _____ Winnings: $ _____

ARENA:_____
City/State:_____
Show/Rodeo:_____
EVENT:_____

Draw #:_____ Time:_____ Placing:_____

Entry Fee: $ _____ Winnings: $ _____

ARENA:_____
City/State:_____
Show/Rodeo:_____
EVENT:_____

Draw #:_____ Time:_____ Placing:_____

Entry Fee: $_____ Winnings: $_____

ARENA:_____
City/State:_____
Show/Rodeo:_____
EVENT:_____

Draw #:_____ Time:_____ Placing:_____

Entry Fee: $_____ Winnings: $_____

ARENA:_____
City/State:_____
Show/Rodeo:_____
EVENT:_____

Draw #:_____ Time:_____ Placing:_____

Entry Fee: $_____ Winnings: $_____

ARENA:_____
City/State:_____
Show/Rodeo:_____
EVENT:_____

Draw #:_____ Time:_____ Placing:_____

Entry Fee: $_____ Winnings: $_____

ARENA: _____

City/State: _____

Show/Rodeo: _____

EVENT: _____

Draw #: _____ Time: _____ Placing: _____

Entry Fee: $ _____ Winnings: $ _____

ARENA: _____

City/State: _____

Show/Rodeo: _____

EVENT: _____

Draw #: _____ Time: _____ Placing: _____

Entry Fee: $ _____ Winnings: $ _____

ARENA: _____

City/State: _____

Show/Rodeo: _____

EVENT: _____

Draw #: _____ Time: _____ Placing: _____

Entry Fee: $ _____ Winnings: $ _____

ARENA: _____

City/State: _____

Show/Rodeo: _____

EVENT: _____

Draw #: _____ Time: _____ Placing: _____

Entry Fee: $ _____ Winnings: $ _____

ARENA:_____

City/State:_____

Show/Rodeo:_____

EVENT:_____

Draw #:_____ Time:_____ Placing:_____

Entry Fee: $_____ Winnings: $_____

ARENA:_____

City/State:_____

Show/Rodeo:_____

EVENT:_____

Draw #:_____ Time:_____ Placing:_____

Entry Fee: $_____ Winnings: $_____

ARENA:_____

City/State:_____

Show/Rodeo:_____

EVENT:_____

Draw #:_____ Time:_____ Placing:_____

Entry Fee: $_____ Winnings: $_____

ARENA:_____

City/State:_____

Show/Rodeo:_____

EVENT:_____

Draw #:_____ Time:_____ Placing:_____

Entry Fee: $_____ Winnings: $_____

ARENA:_____
City/State:_____
Show/Rodeo:_____
EVENT:_____

Draw #:_____ Time:_____ Placing:_____

Entry Fee: $_____ Winnings: $_____

ARENA:_____
City/State:_____
Show/Rodeo:_____
EVENT:_____

Draw #:_____ Time:_____ Placing:_____

Entry Fee: $_____ Winnings: $_____

ARENA:_____
City/State:_____
Show/Rodeo:_____
EVENT:_____

Draw #:_____ Time:_____ Placing:_____

Entry Fee: $_____ Winnings: $_____

ARENA:_____
City/State:_____
Show/Rodeo:_____
EVENT:_____

Draw #:_____ Time:_____ Placing:_____

Entry Fee: $_____ Winnings: $_____

ARENA:_____
City/State: _____
Show/Rodeo:_____
EVENT:_____

Draw #: _____ Time: _____ Placing:_____

Entry Fee: $ _____ Winnings: $ _____

ARENA:_____
City/State: _____
Show/Rodeo:_____
EVENT:_____

Draw #: _____ Time: _____ Placing:_____

Entry Fee: $ _____ Winnings: $ _____

ARENA:_____
City/State: _____
Show/Rodeo:_____
EVENT:_____

Draw #: _____ Time: _____ Placing:_____

Entry Fee: $ _____ Winnings: $ _____

ARENA:_____
City/State: _____
Show/Rodeo:_____
EVENT:_____

Draw #: _____ Time: _____ Placing:_____

Entry Fee: $ _____ Winnings: $ _____

ARENA:_____

City/State:_____

Show/Rodeo:_____

EVENT:_____

Draw #:_____ Time:_____ Placing:_____

Entry Fee: $_____ Winnings: $_____

ARENA:_____

City/State:_____

Show/Rodeo:_____

EVENT:_____

Draw #:_____ Time:_____ Placing:_____

Entry Fee: $_____ Winnings: $_____

ARENA:_____

City/State:_____

Show/Rodeo:_____

EVENT:_____

Draw #:_____ Time:_____ Placing:_____

Entry Fee: $_____ Winnings: $_____

ARENA:_____

City/State:_____

Show/Rodeo:_____

EVENT:_____

Draw #:_____ Time:_____ Placing:_____

Entry Fee: $_____ Winnings: $_____

ARENA:_____
City/State: _____
Show/Rodeo:_____
EVENT:_____

Draw #: _____ Time: _____ Placing: _____

Entry Fee: $ _____ Winnings: $ _____

ARENA:_____
City/State: _____
Show/Rodeo:_____
EVENT:_____

Draw #: _____ Time: _____ Placing: _____

Entry Fee: $ _____ Winnings: $ _____

ARENA:_____
City/State: _____
Show/Rodeo:_____
EVENT:_____

Draw #: _____ Time: _____ Placing: _____

Entry Fee: $ _____ Winnings: $ _____

ARENA:_____
City/State: _____
Show/Rodeo:_____
EVENT:_____

Draw #: _____ Time: _____ Placing: _____

Entry Fee: $ _____ Winnings: $ _____

ARENA:_____

City/State:_____

Show/Rodeo:_____

EVENT:_____

Draw #:_____ Time:_____ Placing:_____

Entry Fee: $_____ Winnings: $_____

ARENA:_____

City/State:_____

Show/Rodeo:_____

EVENT:_____

Draw #:_____ Time:_____ Placing:_____

Entry Fee: $_____ Winnings: $_____

ARENA:_____

City/State:_____

Show/Rodeo:_____

EVENT:_____

Draw #:_____ Time:_____ Placing:_____

Entry Fee: $_____ Winnings: $_____

ARENA:_____

City/State:_____

Show/Rodeo:_____

EVENT:_____

Draw #:_____ Time:_____ Placing:_____

Entry Fee: $_____ Winnings: $_____

ARENA: _____

City/State: _____

Show/Rodeo: _____

EVENT: _____

Draw #: _____ Time: _____ Placing: _____

Entry Fee: $ _____ Winnings: $ _____

ARENA: _____

City/State: _____

Show/Rodeo: _____

EVENT: _____

Draw #: _____ Time: _____ Placing: _____

Entry Fee: $ _____ Winnings: $ _____

ARENA: _____

City/State: _____

Show/Rodeo: _____

EVENT: _____

Draw #: _____ Time: _____ Placing: _____

Entry Fee: $ _____ Winnings: $ _____

ARENA: _____

City/State: _____

Show/Rodeo: _____

EVENT: _____

Draw #: _____ Time: _____ Placing: _____

Entry Fee: $ _____ Winnings: $ _____

ARENA:_____

City/State: _____

Show/Rodeo: _____

EVENT:_____

Draw #:_____ Time:_____ Placing:_____

Entry Fee: $_____ Winnings: $_____

ARENA:_____

City/State: _____

Show/Rodeo: _____

EVENT:_____

Draw #:_____ Time:_____ Placing:_____

Entry Fee: $_____ Winnings: $_____

ARENA:_____

City/State: _____

Show/Rodeo: _____

EVENT:_____

Draw #:_____ Time:_____ Placing:_____

Entry Fee: $_____ Winnings: $_____

ARENA:_____

City/State: _____

Show/Rodeo: _____

EVENT:_____

Draw #:_____ Time:_____ Placing:_____

Entry Fee: $_____ Winnings: $_____

ARENA:_____

City/State: _____

Show/Rodeo:_____

EVENT:_____

Draw #: _____ Time: _____ Placing:_____

Entry Fee: $ _____ Winnings: $_____

ARENA:_____

City/State: _____

Show/Rodeo:_____

EVENT:_____

Draw #: _____ Time: _____ Placing:_____

Entry Fee: $ _____ Winnings: $_____

ARENA:_____

City/State: _____

Show/Rodeo:_____

EVENT:_____

Draw #: _____ Time: _____ Placing:_____

Entry Fee: $ _____ Winnings: $_____

ARENA:_____

City/State: _____

Show/Rodeo:_____

EVENT:_____

Draw #: _____ Time: _____ Placing:_____

Entry Fee: $ _____ Winnings: $_____

ARENA:_____

City/State: _____

Show/Rodeo:_____

EVENT:_____

Draw #: _____ Time: _____ Placing: _____

Entry Fee: $ _____ Winnings: $ _____

ARENA:_____

City/State: _____

Show/Rodeo:_____

EVENT:_____

Draw #: _____ Time: _____ Placing: _____

Entry Fee: $ _____ Winnings: $ _____

ARENA:_____

City/State: _____

Show/Rodeo:_____

EVENT:_____

Draw #: _____ Time: _____ Placing: _____

Entry Fee: $ _____ Winnings: $ _____

ARENA:_____

City/State: _____

Show/Rodeo:_____

EVENT:_____

Draw #: _____ Time: _____ Placing: _____

Entry Fee: $ _____ Winnings: $ _____

ARENA:_____

City/State: _____

Show/Rodeo:_____

EVENT:_____

Draw #: _____ Time: _____ Placing:_____

Entry Fee: $ _____ Winnings: $ _____

ARENA:_____

City/State: _____

Show/Rodeo:_____

EVENT:_____

Draw #: _____ Time: _____ Placing:_____

Entry Fee: $ _____ Winnings: $ _____

ARENA:_____

City/State: _____

Show/Rodeo:_____

EVENT:_____

Draw #: _____ Time: _____ Placing:_____

Entry Fee: $ _____ Winnings: $ _____

ARENA:_____

City/State: _____

Show/Rodeo:_____

EVENT:_____

Draw #: _____ Time: _____ Placing:_____

Entry Fee: $ _____ Winnings: $ _____

ARENA:_____

City/State:_____

Show/Rodeo:_____

EVENT:_____

Draw #:_____ Time:_____ Placing:_____

Entry Fee: $_____ Winnings: $_____

ARENA:_____

City/State:_____

Show/Rodeo:_____

EVENT:_____

Draw #:_____ Time:_____ Placing:_____

Entry Fee: $_____ Winnings: $_____

ARENA:_____

City/State:_____

Show/Rodeo:_____

EVENT:_____

Draw #:_____ Time:_____ Placing:_____

Entry Fee: $_____ Winnings: $_____

ARENA:_____

City/State:_____

Show/Rodeo:_____

EVENT:_____

Draw #:_____ Time:_____ Placing:_____

Entry Fee: $_____ Winnings: $_____

ARENA: _____

City/State: _____

Show/Rodeo: _____

EVENT: _____

Draw #: _____ Time: _____ Placing: _____

Entry Fee: $ _____ Winnings: $ _____

ARENA: _____

City/State: _____

Show/Rodeo: _____

EVENT: _____

Draw #: _____ Time: _____ Placing: _____

Entry Fee: $ _____ Winnings: $ _____

ARENA: _____

City/State: _____

Show/Rodeo: _____

EVENT: _____

Draw #: _____ Time: _____ Placing: _____

Entry Fee: $ _____ Winnings: $ _____

ARENA: _____

City/State: _____

Show/Rodeo: _____

EVENT: _____

Draw #: _____ Time: _____ Placing: _____

Entry Fee: $ _____ Winnings: $ _____

ARENA:_____

City/State:_____

Show/Rodeo:_____

EVENT:_____

Draw #:_____ Time:_____ Placing:_____

Entry Fee: $_____ Winnings: $_____

ARENA:_____

City/State:_____

Show/Rodeo:_____

EVENT:_____

Draw #:_____ Time:_____ Placing:_____

Entry Fee: $_____ Winnings: $_____

ARENA:_____

City/State:_____

Show/Rodeo:_____

EVENT:_____

Draw #:_____ Time:_____ Placing:_____

Entry Fee: $_____ Winnings: $_____

ARENA:_____

City/State:_____

Show/Rodeo:_____

EVENT:_____

Draw #:_____ Time:_____ Placing:_____

Entry Fee: $_____ Winnings: $_____

ARENA: _____

City/State: _____

Show/Rodeo: _____

EVENT: _____

Draw #: _____ Time: _____ Placing: _____

Entry Fee: $ _____ Winnings: $ _____

ARENA: _____

City/State: _____

Show/Rodeo: _____

EVENT: _____

Draw #: _____ Time: _____ Placing: _____

Entry Fee: $ _____ Winnings: $ _____

ARENA: _____

City/State: _____

Show/Rodeo: _____

EVENT: _____

Draw #: _____ Time: _____ Placing: _____

Entry Fee: $ _____ Winnings: $ _____

ARENA: _____

City/State: _____

Show/Rodeo: _____

EVENT: _____

Draw #: _____ Time: _____ Placing: _____

Entry Fee: $ _____ Winnings: $ _____

ARENA: _____

City/State: _____

Show/Rodeo: _____

EVENT: _____

Draw #: _____ Time: _____ Placing: _____

Entry Fee: $ _____ Winnings: $ _____

ARENA: _____

City/State: _____

Show/Rodeo: _____

EVENT: _____

Draw #: _____ Time: _____ Placing: _____

Entry Fee: $ _____ Winnings: $ _____

ARENA: _____

City/State: _____

Show/Rodeo: _____

EVENT: _____

Draw #: _____ Time: _____ Placing: _____

Entry Fee: $ _____ Winnings: $ _____

ARENA: _____

City/State: _____

Show/Rodeo: _____

EVENT: _____

Draw #: _____ Time: _____ Placing: _____

Entry Fee: $ _____ Winnings: $ _____

ARENA:_____

City/State:_____

Show/Rodeo:_____

EVENT:_____

Draw #:_____ Time:_____ Placing:_____

Entry Fee: $_____ Winnings: $_____

ARENA:_____

City/State:_____

Show/Rodeo:_____

EVENT:_____

Draw #:_____ Time:_____ Placing:_____

Entry Fee: $_____ Winnings: $_____

ARENA:_____

City/State:_____

Show/Rodeo:_____

EVENT:_____

Draw #:_____ Time:_____ Placing:_____

Entry Fee: $_____ Winnings: $_____

ARENA:_____

City/State:_____

Show/Rodeo:_____

EVENT:_____

Draw #:_____ Time:_____ Placing:_____

Entry Fee: $_____ Winnings: $_____

ARENA:_____

City/State:_____

Show/Rodeo:_____

EVENT:_____

Draw #:_____ Time:_____ Placing:_____

Entry Fee: $_____ Winnings: $_____

ARENA:_____

City/State:_____

Show/Rodeo:_____

EVENT:_____

Draw #:_____ Time:_____ Placing:_____

Entry Fee: $_____ Winnings: $_____

ARENA:_____

City/State:_____

Show/Rodeo:_____

EVENT:_____

Draw #:_____ Time:_____ Placing:_____

Entry Fee: $_____ Winnings: $_____

ARENA:_____

City/State:_____

Show/Rodeo:_____

EVENT:_____

Draw #:_____ Time:_____ Placing:_____

Entry Fee: $_____ Winnings: $_____

ARENA: _____
City/State: _____
Show/Rodeo: _____
EVENT: _____

Draw #: _____ Time: _____ Placing: _____

Entry Fee: $ _____ Winnings: $ _____

ARENA: _____
City/State: _____
Show/Rodeo: _____
EVENT: _____

Draw #: _____ Time: _____ Placing: _____

Entry Fee: $ _____ Winnings: $ _____

ARENA: _____
City/State: _____
Show/Rodeo: _____
EVENT: _____

Draw #: _____ Time: _____ Placing: _____

Entry Fee: $ _____ Winnings: $ _____

ARENA: _____
City/State: _____
Show/Rodeo: _____
EVENT: _____

Draw #: _____ Time: _____ Placing: _____

Entry Fee: $ _____ Winnings: $ _____

ARENA: _____

City/State: _____

Show/Rodeo: _____

EVENT: _____

Draw #: _____ Time: _____ Placing: _____

Entry Fee: $ _____ Winnings: $ _____

ARENA: _____

City/State: _____

Show/Rodeo: _____

EVENT: _____

Draw #: _____ Time: _____ Placing: _____

Entry Fee: $ _____ Winnings: $ _____

ARENA: _____

City/State: _____

Show/Rodeo: _____

EVENT: _____

Draw #: _____ Time: _____ Placing: _____

Entry Fee: $ _____ Winnings: $ _____

ARENA: _____

City/State: _____

Show/Rodeo: _____

EVENT: _____

Draw #: _____ Time: _____ Placing: _____

Entry Fee: $ _____ Winnings: $ _____

ARENA:_____

City/State:_____

Show/Rodeo:_____

EVENT:_____

Draw #:_____ Time:_____ Placing:_____

Entry Fee: $_____ Winnings: $_____

ARENA:_____

City/State:_____

Show/Rodeo:_____

EVENT:_____

Draw #:_____ Time:_____ Placing:_____

Entry Fee: $_____ Winnings: $_____

ARENA:_____

City/State:_____

Show/Rodeo:_____

EVENT:_____

Draw #:_____ Time:_____ Placing:_____

Entry Fee: $_____ Winnings: $_____

ARENA:_____

City/State:_____

Show/Rodeo:_____

EVENT:_____

Draw #:_____ Time:_____ Placing:_____

Entry Fee: $_____ Winnings: $_____

ARENA:_____

City/State: _____

Show/Rodeo:_____

EVENT:_____

Draw #:_____ Time:_____ Placing:_____

Entry Fee: $ _____ Winnings: $ _____

ARENA:_____

City/State: _____

Show/Rodeo:_____

EVENT:_____

Draw #:_____ Time:_____ Placing:_____

Entry Fee: $ _____ Winnings: $ _____

ARENA:_____

City/State: _____

Show/Rodeo:_____

EVENT:_____

Draw #:_____ Time:_____ Placing:_____

Entry Fee: $ _____ Winnings: $ _____

ARENA:_____

City/State: _____

Show/Rodeo:_____

EVENT:_____

Draw #:_____ Time:_____ Placing:_____

Entry Fee: $ _____ Winnings: $ _____

ARENA:_____
City/State:_____
Show/Rodeo:_____
EVENT:_____

Draw #:_____ Time:_____ Placing:_____

Entry Fee: $_____ Winnings: $_____

ARENA:_____
City/State:_____
Show/Rodeo:_____
EVENT:_____

Draw #:_____ Time:_____ Placing:_____

Entry Fee: $_____ Winnings: $_____

ARENA:_____
City/State:_____
Show/Rodeo:_____
EVENT:_____

Draw #:_____ Time:_____ Placing:_____

Entry Fee: $_____ Winnings: $_____

ARENA:_____
City/State:_____
Show/Rodeo:_____
EVENT:_____

Draw #:_____ Time:_____ Placing:_____

Entry Fee: $_____ Winnings: $_____

ARENA:_____
City/State:_____
Show/Rodeo:_____
EVENT:_____

Draw #:_____ Time:_____ Placing:_____

Entry Fee: $ _____ Winnings: $ _____

ARENA:_____
City/State:_____
Show/Rodeo:_____
EVENT:_____

Draw #:_____ Time:_____ Placing:_____

Entry Fee: $ _____ Winnings: $ _____

ARENA:_____
City/State:_____
Show/Rodeo:_____
EVENT:_____

Draw #:_____ Time:_____ Placing:_____

Entry Fee: $ _____ Winnings: $ _____

ARENA:_____
City/State:_____
Show/Rodeo:_____
EVENT:_____

Draw #:_____ Time:_____ Placing:_____

Entry Fee: $ _____ Winnings: $ _____

ARENA:_____
City/State:_____
Show/Rodeo:_____
EVENT:_____

Draw #:_____ Time:_____ Placing:_____

Entry Fee: $_____ Winnings: $_____

ARENA:_____
City/State:_____
Show/Rodeo:_____
EVENT:_____

Draw #:_____ Time:_____ Placing:_____

Entry Fee: $_____ Winnings: $_____

ARENA:_____
City/State:_____
Show/Rodeo:_____
EVENT:_____

Draw #:_____ Time:_____ Placing:_____

Entry Fee: $_____ Winnings: $_____

ARENA:_____
City/State:_____
Show/Rodeo:_____
EVENT:_____

Draw #:_____ Time:_____ Placing:_____

Entry Fee: $_____ Winnings: $_____

ARENA:_____

City/State:_____

Show/Rodeo:_____

EVENT:_____

Draw #:_____ Time:_____ Placing:_____

Entry Fee: $_____ Winnings: $_____

ARENA:_____

City/State:_____

Show/Rodeo:_____

EVENT:_____

Draw #:_____ Time:_____ Placing:_____

Entry Fee: $_____ Winnings: $_____

ARENA:_____

City/State:_____

Show/Rodeo:_____

EVENT:_____

Draw #:_____ Time:_____ Placing:_____

Entry Fee: $_____ Winnings: $_____

ARENA:_____

City/State:_____

Show/Rodeo:_____

EVENT:_____

Draw #:_____ Time:_____ Placing:_____

Entry Fee: $_____ Winnings: $_____

ARENA: _____

City/State: _____

Show/Rodeo: _____

EVENT: _____

Draw #: _____ Time: _____ Placing: _____

Entry Fee: $ _____ Winnings: $ _____

ARENA: _____

City/State: _____

Show/Rodeo: _____

EVENT: _____

Draw #: _____ Time: _____ Placing: _____

Entry Fee: $ _____ Winnings: $ _____

ARENA: _____

City/State: _____

Show/Rodeo: _____

EVENT: _____

Draw #: _____ Time: _____ Placing: _____

Entry Fee: $ _____ Winnings: $ _____

ARENA: _____

City/State: _____

Show/Rodeo: _____

EVENT: _____

Draw #: _____ Time: _____ Placing: _____

Entry Fee: $ _____ Winnings: $ _____

ARENA:_____
City/State:_____
Show/Rodeo:_____
EVENT:_____

Draw #:_____ Time:_____ Placing:_____

Entry Fee: $_____ Winnings: $_____

ARENA:_____
City/State:_____
Show/Rodeo:_____
EVENT:_____

Draw #:_____ Time:_____ Placing:_____

Entry Fee: $_____ Winnings: $_____

ARENA:_____
City/State:_____
Show/Rodeo:_____
EVENT:_____

Draw #:_____ Time:_____ Placing:_____

Entry Fee: $_____ Winnings: $_____

ARENA:_____
City/State:_____
Show/Rodeo:_____
EVENT:_____

Draw #:_____ Time:_____ Placing:_____

Entry Fee: $_____ Winnings: $_____

ARENA: _____

City/State: _____

Show/Rodeo: _____

EVENT: _____

Draw #: _____ Time: _____ Placing: _____

Entry Fee: $ _____ Winnings: $ _____

ARENA: _____

City/State: _____

Show/Rodeo: _____

EVENT: _____

Draw #: _____ Time: _____ Placing: _____

Entry Fee: $ _____ Winnings: $ _____

ARENA: _____

City/State: _____

Show/Rodeo: _____

EVENT: _____

Draw #: _____ Time: _____ Placing: _____

Entry Fee: $ _____ Winnings: $ _____

ARENA: _____

City/State: _____

Show/Rodeo: _____

EVENT: _____

Draw #: _____ Time: _____ Placing: _____

Entry Fee: $ _____ Winnings: $ _____

ARENA:_____

City/State:_____

Show/Rodeo:_____

EVENT:_____

Draw #:_____ Time:_____ Placing:_____

Entry Fee: $_____ Winnings: $_____

ARENA:_____

City/State:_____

Show/Rodeo:_____

EVENT:_____

Draw #:_____ Time:_____ Placing:_____

Entry Fee: $_____ Winnings: $_____

ARENA:_____

City/State:_____

Show/Rodeo:_____

EVENT:_____

Draw #:_____ Time:_____ Placing:_____

Entry Fee: $_____ Winnings: $_____

ARENA:_____

City/State:_____

Show/Rodeo:_____

EVENT:_____

Draw #:_____ Time:_____ Placing:_____

Entry Fee: $_____ Winnings: $_____

ARENA: _____
City/State: _____
Show/Rodeo: _____
EVENT: _____

Draw #: _____ Time: _____ Placing: _____

Entry Fee: $ _____ Winnings: $ _____

ARENA: _____
City/State: _____
Show/Rodeo: _____
EVENT: _____

Draw #: _____ Time: _____ Placing: _____

Entry Fee: $ _____ Winnings: $ _____

ARENA: _____
City/State: _____
Show/Rodeo: _____
EVENT: _____

Draw #: _____ Time: _____ Placing: _____

Entry Fee: $ _____ Winnings: $ _____

ARENA: _____
City/State: _____
Show/Rodeo: _____
EVENT: _____

Draw #: _____ Time: _____ Placing: _____

Entry Fee: $ _____ Winnings: $ _____

ARENA:_____
City/State:_____
Show/Rodeo:_____
EVENT:_____

Draw #:_____ Time:_____ Placing:_____

Entry Fee: $_____ Winnings: $_____

ARENA:_____
City/State:_____
Show/Rodeo:_____
EVENT:_____

Draw #:_____ Time:_____ Placing:_____

Entry Fee: $_____ Winnings: $_____

ARENA:_____
City/State:_____
Show/Rodeo:_____
EVENT:_____

Draw #:_____ Time:_____ Placing:_____

Entry Fee: $_____ Winnings: $_____

ARENA:_____
City/State:_____
Show/Rodeo:_____
EVENT:_____

Draw #:_____ Time:_____ Placing:_____

Entry Fee: $_____ Winnings: $_____

ARENA:_____

City/State:_____

Show/Rodeo:_____

EVENT:_____

Draw #:_____ Time:_____ Placing:_____

Entry Fee: $_____ Winnings: $_____

ARENA:_____

City/State:_____

Show/Rodeo:_____

EVENT:_____

Draw #:_____ Time:_____ Placing:_____

Entry Fee: $_____ Winnings: $_____

ARENA:_____

City/State:_____

Show/Rodeo:_____

EVENT:_____

Draw #:_____ Time:_____ Placing:_____

Entry Fee: $_____ Winnings: $_____

ARENA:_____

City/State:_____

Show/Rodeo:_____

EVENT:_____

Draw #:_____ Time:_____ Placing:_____

Entry Fee: $_____ Winnings: $_____

ARENA:_____

City/State:_____

Show/Rodeo:_____

EVENT:_____

Draw #:_____ Time:_____ Placing:_____

Entry Fee: $_____ Winnings: $_____

ARENA:_____

City/State:_____

Show/Rodeo:_____

EVENT:_____

Draw #:_____ Time:_____ Placing:_____

Entry Fee: $_____ Winnings: $_____

ARENA:_____

City/State:_____

Show/Rodeo:_____

EVENT:_____

Draw #:_____ Time:_____ Placing:_____

Entry Fee: $_____ Winnings: $_____

ARENA:_____

City/State:_____

Show/Rodeo:_____

EVENT:_____

Draw #:_____ Time:_____ Placing:_____

Entry Fee: $_____ Winnings: $_____

ARENA:_____

City/State:_____

Show/Rodeo:_____

EVENT:_____

Draw #:_____ Time:_____ Placing:_____

Entry Fee: $_____ Winnings: $_____

ARENA:_____

City/State:_____

Show/Rodeo:_____

EVENT:_____

Draw #:_____ Time:_____ Placing:_____

Entry Fee: $_____ Winnings: $_____

ARENA:_____

City/State:_____

Show/Rodeo:_____

EVENT:_____

Draw #:_____ Time:_____ Placing:_____

Entry Fee: $_____ Winnings: $_____

ARENA:_____

City/State:_____

Show/Rodeo:_____

EVENT:_____

Draw #:_____ Time:_____ Placing:_____

Entry Fee: $_____ Winnings: $_____

ARENA:_____

City/State:_____

Show/Rodeo:_____

EVENT:_____

Draw #:_____ Time:_____ Placing:_____

Entry Fee: $_____ Winnings: $_____

ARENA:_____

City/State:_____

Show/Rodeo:_____

EVENT:_____

Draw #:_____ Time:_____ Placing:_____

Entry Fee: $_____ Winnings: $_____

ARENA:_____

City/State:_____

Show/Rodeo:_____

EVENT:_____

Draw #:_____ Time:_____ Placing:_____

Entry Fee: $_____ Winnings: $_____

ARENA:_____

City/State:_____

Show/Rodeo:_____

EVENT:_____

Draw #:_____ Time:_____ Placing:_____

Entry Fee: $_____ Winnings: $_____

ARENA: _____
City/State: _____
Show/Rodeo: _____
EVENT: _____

Draw #: _____ Time: _____ Placing: _____

Entry Fee: $ _____ Winnings: $ _____

ARENA: _____
City/State: _____
Show/Rodeo: _____
EVENT: _____

Draw #: _____ Time: _____ Placing: _____

Entry Fee: $ _____ Winnings: $ _____

ARENA: _____
City/State: _____
Show/Rodeo: _____
EVENT: _____

Draw #: _____ Time: _____ Placing: _____

Entry Fee: $ _____ Winnings: $ _____

ARENA: _____
City/State: _____
Show/Rodeo: _____
EVENT: _____

Draw #: _____ Time: _____ Placing: _____

Entry Fee: $ _____ Winnings: $ _____

ARENA:_____

City/State:_____

Show/Rodeo:_____

EVENT:_____

Draw #:_____ Time:_____ Placing:_____

Entry Fee: $_____ Winnings: $_____

ARENA:_____

City/State:_____

Show/Rodeo:_____

EVENT:_____

Draw #:_____ Time:_____ Placing:_____

Entry Fee: $_____ Winnings: $_____

ARENA:_____

City/State:_____

Show/Rodeo:_____

EVENT:_____

Draw #:_____ Time:_____ Placing:_____

Entry Fee: $_____ Winnings: $_____

ARENA:_____

City/State:_____

Show/Rodeo:_____

EVENT:_____

Draw #:_____ Time:_____ Placing:_____

Entry Fee: $_____ Winnings: $_____

ARENA:_____
City/State:_____
Show/Rodeo:_____
EVENT:_____

Draw #:_____ Time:_____ Placing:_____

Entry Fee: $_____ Winnings: $_____

ARENA:_____
City/State:_____
Show/Rodeo:_____
EVENT:_____

Draw #:_____ Time:_____ Placing:_____

Entry Fee: $_____ Winnings: $_____

ARENA:_____
City/State:_____
Show/Rodeo:_____
EVENT:_____

Draw #:_____ Time:_____ Placing:_____

Entry Fee: $_____ Winnings: $_____

ARENA:_____
City/State:_____
Show/Rodeo:_____
EVENT:_____

Draw #:_____ Time:_____ Placing:_____

Entry Fee: $_____ Winnings: $_____

ARENA:_____

City/State: _____

Show/Rodeo:_____

EVENT:_____

Draw #: _____ Time:_____ Placing:_____

Entry Fee: $ _____ Winnings: $ _____

ARENA:_____

City/State: _____

Show/Rodeo:_____

EVENT:_____

Draw #: _____ Time:_____ Placing:_____

Entry Fee: $ _____ Winnings: $ _____

ARENA:_____

City/State: _____

Show/Rodeo:_____

EVENT:_____

Draw #: _____ Time:_____ Placing:_____

Entry Fee: $ _____ Winnings: $ _____

ARENA:_____

City/State: _____

Show/Rodeo:_____

EVENT:_____

Draw #: _____ Time:_____ Placing:_____

Entry Fee: $ _____ Winnings: $ _____

ARENA: _____

City/State: _____

Show/Rodeo: _____

EVENT: _____

Draw #: _____ Time: _____ Placing: _____

Entry Fee: $ _____ Winnings: $ _____

ARENA: _____

City/State: _____

Show/Rodeo: _____

EVENT: _____

Draw #: _____ Time: _____ Placing: _____

Entry Fee: $ _____ Winnings: $ _____

ARENA: _____

City/State: _____

Show/Rodeo: _____

EVENT: _____

Draw #: _____ Time: _____ Placing: _____

Entry Fee: $ _____ Winnings: $ _____

ARENA: _____

City/State: _____

Show/Rodeo: _____

EVENT: _____

Draw #: _____ Time: _____ Placing: _____

Entry Fee: $ _____ Winnings: $ _____

ARENA:_____
City/State:_____
Show/Rodeo:_____
EVENT:_____

Draw #:_____ Time:_____ Placing:_____

Entry Fee: $ _____ Winnings: $ _____

ARENA:_____
City/State:_____
Show/Rodeo:_____
EVENT:_____

Draw #:_____ Time:_____ Placing:_____

Entry Fee: $ _____ Winnings: $ _____

ARENA:_____
City/State:_____
Show/Rodeo:_____
EVENT:_____

Draw #:_____ Time:_____ Placing:_____

Entry Fee: $ _____ Winnings: $ _____

ARENA:_____
City/State:_____
Show/Rodeo:_____
EVENT:_____

Draw #:_____ Time:_____ Placing:_____

Entry Fee: $ _____ Winnings: $ _____

ARENA:_____

City/State: _____

Show/Rodeo:_____

EVENT:_____

Draw #: _____ Time: _____ Placing:_____

Entry Fee: $ _____ Winnings: $ _____

ARENA:_____

City/State: _____

Show/Rodeo:_____

EVENT:_____

Draw #: _____ Time: _____ Placing:_____

Entry Fee: $ _____ Winnings: $ _____

ARENA:_____

City/State: _____

Show/Rodeo:_____

EVENT:_____

Draw #: _____ Time: _____ Placing:_____

Entry Fee: $ _____ Winnings: $ _____

ARENA:_____

City/State: _____

Show/Rodeo:_____

EVENT:_____

Draw #: _____ Time: _____ Placing:_____

Entry Fee: $ _____ Winnings: $ _____

ARENA:_____

City/State:_____

Show/Rodeo:_____

EVENT:_____

Draw #:_____ Time:_____ Placing:_____

Entry Fee: $_____Winnings: $_____

ARENA:_____

City/State:_____

Show/Rodeo:_____

EVENT:_____

Draw #:_____ Time:_____ Placing:_____

Entry Fee: $_____Winnings: $_____

ARENA:_____

City/State:_____

Show/Rodeo:_____

EVENT:_____

Draw #:_____ Time:_____ Placing:_____

Entry Fee: $_____Winnings: $_____

ARENA:_____

City/State:_____

Show/Rodeo:_____

EVENT:_____

Draw #:_____ Time:_____ Placing:_____

Entry Fee: $_____Winnings: $_____

ARENA: _____

City/State: _____

Show/Rodeo: _____

EVENT: _____

Draw #: _____ Time: _____ Placing: _____

Entry Fee: $ _____ Winnings: $ _____

ARENA: _____

City/State: _____

Show/Rodeo: _____

EVENT: _____

Draw #: _____ Time: _____ Placing: _____

Entry Fee: $ _____ Winnings: $ _____

ARENA: _____

City/State: _____

Show/Rodeo: _____

EVENT: _____

Draw #: _____ Time: _____ Placing: _____

Entry Fee: $ _____ Winnings: $ _____

ARENA: _____

City/State: _____

Show/Rodeo: _____

EVENT: _____

Draw #: _____ Time: _____ Placing: _____

Entry Fee: $ _____ Winnings: $ _____

ARENA:_____

City/State:_____

Show/Rodeo:_____

EVENT:_____

Draw #:_____ Time:_____ Placing:_____

Entry Fee: $_____ Winnings: $_____

ARENA:_____

City/State:_____

Show/Rodeo:_____

EVENT:_____

Draw #:_____ Time:_____ Placing:_____

Entry Fee: $_____ Winnings: $_____

ARENA:_____

City/State:_____

Show/Rodeo:_____

EVENT:_____

Draw #:_____ Time:_____ Placing:_____

Entry Fee: $_____ Winnings: $_____

ARENA:_____

City/State:_____

Show/Rodeo:_____

EVENT:_____

Draw #:_____ Time:_____ Placing:_____

Entry Fee: $_____ Winnings: $_____

ARENA:_____
City/State: _____
Show/Rodeo:_____
EVENT:_____

Draw #:_____ Time:_____ Placing:_____

Entry Fee: $_____ Winnings: $_____

ARENA:_____
City/State: _____
Show/Rodeo:_____
EVENT:_____

Draw #:_____ Time:_____ Placing:_____

Entry Fee: $_____ Winnings: $_____

ARENA:_____
City/State: _____
Show/Rodeo:_____
EVENT:_____

Draw #:_____ Time:_____ Placing:_____

Entry Fee: $_____ Winnings: $_____

ARENA:_____
City/State: _____
Show/Rodeo:_____
EVENT:_____

Draw #:_____ Time:_____ Placing:_____

Entry Fee: $_____ Winnings: $_____

ARENA:_____

City/State: _____

Show/Rodeo:_____

EVENT:_____

Draw #: _____ Time: _____ Placing:_____

Entry Fee: $ _____ Winnings: $ _____

ARENA:_____

City/State: _____

Show/Rodeo:_____

EVENT:_____

Draw #: _____ Time: _____ Placing:_____

Entry Fee: $ _____ Winnings: $ _____

ARENA:_____

City/State: _____

Show/Rodeo:_____

EVENT:_____

Draw #: _____ Time: _____ Placing:_____

Entry Fee: $ _____ Winnings: $ _____

ARENA:_____

City/State: _____

Show/Rodeo:_____

EVENT:_____

Draw #: _____ Time: _____ Placing:_____

Entry Fee: $ _____ Winnings: $ _____

ARENA: _____

City/State: _____

Show/Rodeo: _____

EVENT: _____

Draw #: _____ Time: _____ Placing: _____

Entry Fee: $ _____ Winnings: $ _____

ARENA: _____

City/State: _____

Show/Rodeo: _____

EVENT: _____

Draw #: _____ Time: _____ Placing: _____

Entry Fee: $ _____ Winnings: $ _____

ARENA: _____

City/State: _____

Show/Rodeo: _____

EVENT: _____

Draw #: _____ Time: _____ Placing: _____

Entry Fee: $ _____ Winnings: $ _____

ARENA: _____

City/State: _____

Show/Rodeo: _____

EVENT: _____

Draw #: _____ Time: _____ Placing: _____

Entry Fee: $ _____ Winnings: $ _____

ARENA:_____

City/State: _____

Show/Rodeo:_____

EVENT:_____

Draw #: _____ Time: _____ Placing:_____

Entry Fee: $ _____ Winnings: $ _____

ARENA:_____

City/State: _____

Show/Rodeo:_____

EVENT:_____

Draw #: _____ Time: _____ Placing:_____

Entry Fee: $ _____ Winnings: $ _____

ARENA:_____

City/State: _____

Show/Rodeo:_____

EVENT:_____

Draw #: _____ Time: _____ Placing:_____

Entry Fee: $ _____ Winnings: $ _____

ARENA:_____

City/State: _____

Show/Rodeo:_____

EVENT:_____

Draw #: _____ Time: _____ Placing:_____

Entry Fee: $ _____ Winnings: $ _____

ARENA:_____

City/State: _____

Show/Rodeo: _____

EVENT: _____

Draw #: _____ Time: _____ Placing: _____

Entry Fee: $ _____ Winnings: $ _____

ARENA:_____

City/State: _____

Show/Rodeo: _____

EVENT: _____

Draw #: _____ Time: _____ Placing: _____

Entry Fee: $ _____ Winnings: $ _____

ARENA:_____

City/State: _____

Show/Rodeo: _____

EVENT: _____

Draw #: _____ Time: _____ Placing: _____

Entry Fee: $ _____ Winnings: $ _____

ARENA:_____

City/State: _____

Show/Rodeo: _____

EVENT: _____

Draw #: _____ Time: _____ Placing: _____

Entry Fee: $ _____ Winnings: $ _____

ARENA:_____

City/State: _____

Show/Rodeo:_____

EVENT:_____

Draw #: _____ Time: _____ Placing:_____

Entry Fee: $ _____ Winnings: $ _____

ARENA:_____

City/State: _____

Show/Rodeo:_____

EVENT:_____

Draw #: _____ Time: _____ Placing:_____

Entry Fee: $ _____ Winnings: $ _____

ARENA:_____

City/State: _____

Show/Rodeo:_____

EVENT:_____

Draw #: _____ Time: _____ Placing:_____

Entry Fee: $ _____ Winnings: $ _____

ARENA:_____

City/State: _____

Show/Rodeo:_____

EVENT:_____

Draw #: _____ Time: _____ Placing:_____

Entry Fee: $ _____ Winnings: $ _____

ARENA:_____
City/State:_____
Show/Rodeo:_____
EVENT:_____

Draw #:_____ Time:_____ Placing:_____

Entry Fee: $_____ Winnings: $_____

ARENA:_____
City/State:_____
Show/Rodeo:_____
EVENT:_____

Draw #:_____ Time:_____ Placing:_____

Entry Fee: $_____ Winnings: $_____

ARENA:_____
City/State:_____
Show/Rodeo:_____
EVENT:_____

Draw #:_____ Time:_____ Placing:_____

Entry Fee: $_____ Winnings: $_____

ARENA:_____
City/State:_____
Show/Rodeo:_____
EVENT:_____

Draw #:_____ Time:_____ Placing:_____

Entry Fee: $_____ Winnings: $_____

ARENA:_____
City/State:_____
Show/Rodeo:_____
EVENT:_____

Draw #:_____ Time:_____ Placing:_____

Entry Fee: $_____ Winnings: $_____

ARENA:_____
City/State:_____
Show/Rodeo:_____
EVENT:_____

Draw #:_____ Time:_____ Placing:_____

Entry Fee: $_____ Winnings: $_____

ARENA:_____
City/State:_____
Show/Rodeo:_____
EVENT:_____

Draw #:_____ Time:_____ Placing:_____

Entry Fee: $_____ Winnings: $_____

ARENA:_____
City/State:_____
Show/Rodeo:_____
EVENT:_____

Draw #:_____ Time:_____ Placing:_____

Entry Fee: $_____ Winnings: $_____

ARENA:_____

City/State:_____

Show/Rodeo:_____

EVENT:_____

Draw #:_____ Time:_____ Placing:_____

Entry Fee: $_____ Winnings: $_____

ARENA:_____

City/State:_____

Show/Rodeo:_____

EVENT:_____

Draw #:_____ Time:_____ Placing:_____

Entry Fee: $_____ Winnings: $_____

ARENA:_____

City/State:_____

Show/Rodeo:_____

EVENT:_____

Draw #:_____ Time:_____ Placing:_____

Entry Fee: $_____ Winnings: $_____

ARENA:_____

City/State:_____

Show/Rodeo:_____

EVENT:_____

Draw #:_____ Time:_____ Placing:_____

Entry Fee: $_____ Winnings: $_____

ARENA:_____
City/State: _____
Show/Rodeo:_____
EVENT:_____

Draw #:_____ Time:_____ Placing:_____

Entry Fee: $_____ Winnings: $_____

ARENA:_____
City/State: _____
Show/Rodeo:_____
EVENT:_____

Draw #:_____ Time:_____ Placing:_____

Entry Fee: $_____ Winnings: $_____

ARENA:_____
City/State: _____
Show/Rodeo:_____
EVENT:_____

Draw #:_____ Time:_____ Placing:_____

Entry Fee: $_____ Winnings: $_____

ARENA:_____
City/State: _____
Show/Rodeo:_____
EVENT:_____

Draw #:_____ Time:_____ Placing:_____

Entry Fee: $_____ Winnings: $_____

ARENA: _____

City/State: _____

Show/Rodeo: _____

EVENT: _____

Draw #: _____ Time: _____ Placing: _____

Entry Fee: $ _____ Winnings: $ _____

ARENA: _____

City/State: _____

Show/Rodeo: _____

EVENT: _____

Draw #: _____ Time: _____ Placing: _____

Entry Fee: $ _____ Winnings: $ _____

ARENA: _____

City/State: _____

Show/Rodeo: _____

EVENT: _____

Draw #: _____ Time: _____ Placing: _____

Entry Fee: $ _____ Winnings: $ _____

ARENA: _____

City/State: _____

Show/Rodeo: _____

EVENT: _____

Draw #: _____ Time: _____ Placing: _____

Entry Fee: $ _____ Winnings: $ _____

ARENA:_____
City/State:_____
Show/Rodeo:_____
EVENT:_____

Draw #:_____ Time:_____ Placing:_____

Entry Fee: $_____ Winnings: $_____

ARENA:_____
City/State:_____
Show/Rodeo:_____
EVENT:_____

Draw #:_____ Time:_____ Placing:_____

Entry Fee: $_____ Winnings: $_____

ARENA:_____
City/State:_____
Show/Rodeo:_____
EVENT:_____

Draw #:_____ Time:_____ Placing:_____

Entry Fee: $_____ Winnings: $_____

ARENA:_____
City/State:_____
Show/Rodeo:_____
EVENT:_____

Draw #:_____ Time:_____ Placing:_____

Entry Fee: $_____ Winnings: $_____

ARENA: _____
City/State: _____
Show/Rodeo: _____
EVENT: _____

Draw #: _____ Time: _____ Placing: _____

Entry Fee: $ _____ Winnings: $ _____

ARENA: _____
City/State: _____
Show/Rodeo: _____
EVENT: _____

Draw #: _____ Time: _____ Placing: _____

Entry Fee: $ _____ Winnings: $ _____

ARENA: _____
City/State: _____
Show/Rodeo: _____
EVENT: _____

Draw #: _____ Time: _____ Placing: _____

Entry Fee: $ _____ Winnings: $ _____

ARENA: _____
City/State: _____
Show/Rodeo: _____
EVENT: _____

Draw #: _____ Time: _____ Placing: _____

Entry Fee: $ _____ Winnings: $ _____

ARENA:_____

City/State:_____

Show/Rodeo:_____

EVENT:_____

Draw #:_____ Time:_____ Placing:_____

Entry Fee: $_____ Winnings: $_____

ARENA:_____

City/State:_____

Show/Rodeo:_____

EVENT:_____

Draw #:_____ Time:_____ Placing:_____

Entry Fee: $_____ Winnings: $_____

ARENA:_____

City/State:_____

Show/Rodeo:_____

EVENT:_____

Draw #:_____ Time:_____ Placing:_____

Entry Fee: $_____ Winnings: $_____

ARENA:_____

City/State:_____

Show/Rodeo:_____

EVENT:_____

Draw #:_____ Time:_____ Placing:_____

Entry Fee: $_____ Winnings: $_____

ARENA: _____
City/State: _____
Show/Rodeo: _____
EVENT: _____

Draw #: _____ Time: _____ Placing: _____

Entry Fee: $ _____ Winnings: $ _____

ARENA: _____
City/State: _____
Show/Rodeo: _____
EVENT: _____

Draw #: _____ Time: _____ Placing: _____

Entry Fee: $ _____ Winnings: $ _____

ARENA: _____
City/State: _____
Show/Rodeo: _____
EVENT: _____

Draw #: _____ Time: _____ Placing: _____

Entry Fee: $ _____ Winnings: $ _____

ARENA: _____
City/State: _____
Show/Rodeo: _____
EVENT: _____

Draw #: _____ Time: _____ Placing: _____

Entry Fee: $ _____ Winnings: $ _____

ARENA:_____

City/State: _____

Show/Rodeo:_____

EVENT:_____

Draw #: _____ Time: _____ Placing:_____

Entry Fee: $ _____ Winnings: $ _____

ARENA:_____

City/State: _____

Show/Rodeo:_____

EVENT:_____

Draw #: _____ Time: _____ Placing:_____

Entry Fee: $ _____ Winnings: $ _____

ARENA:_____

City/State: _____

Show/Rodeo:_____

EVENT:_____

Draw #: _____ Time: _____ Placing:_____

Entry Fee: $ _____ Winnings: $ _____

ARENA:_____

City/State: _____

Show/Rodeo:_____

EVENT:_____

Draw #: _____ Time: _____ Placing:_____

Entry Fee: $ _____ Winnings: $ _____

ARENA:_____

City/State: _____

Show/Rodeo: _____

EVENT: _____

Draw #: _____ Time: _____ Placing: _____

Entry Fee: $ _____ Winnings: $ _____

ARENA:_____

City/State: _____

Show/Rodeo: _____

EVENT: _____

Draw #: _____ Time: _____ Placing: _____

Entry Fee: $ _____ Winnings: $ _____

ARENA:_____

City/State: _____

Show/Rodeo: _____

EVENT: _____

Draw #: _____ Time: _____ Placing: _____

Entry Fee: $ _____ Winnings: $ _____

ARENA:_____

City/State: _____

Show/Rodeo: _____

EVENT: _____

Draw #: _____ Time: _____ Placing: _____

Entry Fee: $ _____ Winnings: $ _____

ARENA:_____
City/State: _____
Show/Rodeo:_____
EVENT:_____

Draw #:_____ Time:_____ Placing:_____

Entry Fee: $_____ Winnings: $_____

ARENA:_____
City/State: _____
Show/Rodeo:_____
EVENT:_____

Draw #:_____ Time:_____ Placing:_____

Entry Fee: $_____ Winnings: $_____

ARENA:_____
City/State: _____
Show/Rodeo:_____
EVENT:_____

Draw #:_____ Time:_____ Placing:_____

Entry Fee: $_____ Winnings: $_____

ARENA:_____
City/State: _____
Show/Rodeo:_____
EVENT:_____

Draw #:_____ Time:_____ Placing:_____

Entry Fee: $_____ Winnings: $_____

ARENA:_____
City/State:_____
Show/Rodeo:_____
EVENT:_____

Draw #:_____ Time:_____ Placing:_____

Entry Fee: $_____ Winnings: $_____

ARENA:_____
City/State:_____
Show/Rodeo:_____
EVENT:_____

Draw #:_____ Time:_____ Placing:_____

Entry Fee: $_____ Winnings: $_____

ARENA:_____
City/State:_____
Show/Rodeo:_____
EVENT:_____

Draw #:_____ Time:_____ Placing:_____

Entry Fee: $_____ Winnings: $_____

ARENA:_____
City/State:_____
Show/Rodeo:_____
EVENT:_____

Draw #:_____ Time:_____ Placing:_____

Entry Fee: $_____ Winnings: $_____

ARENA:_____

City/State: _____

Show/Rodeo:_____

EVENT:_____

Draw #: _____ Time: _____ Placing: _____

Entry Fee: $ _____ Winnings: $ _____

ARENA:_____

City/State: _____

Show/Rodeo:_____

EVENT:_____

Draw #: _____ Time: _____ Placing: _____

Entry Fee: $ _____ Winnings: $ _____

ARENA:_____

City/State: _____

Show/Rodeo:_____

EVENT:_____

Draw #: _____ Time: _____ Placing: _____

Entry Fee: $ _____ Winnings: $ _____

ARENA:_____

City/State: _____

Show/Rodeo:_____

EVENT:_____

Draw #: _____ Time: _____ Placing: _____

Entry Fee: $ _____ Winnings: $ _____

ARENA:_____

City/State:_____

Show/Rodeo:_____

EVENT:_____

Draw #:_____ Time:_____ Placing:_____

Entry Fee: $_____ Winnings: $_____

ARENA:_____

City/State:_____

Show/Rodeo:_____

EVENT:_____

Draw #:_____ Time:_____ Placing:_____

Entry Fee: $_____ Winnings: $_____

ARENA:_____

City/State:_____

Show/Rodeo:_____

EVENT:_____

Draw #:_____ Time:_____ Placing:_____

Entry Fee: $_____ Winnings: $_____

ARENA:_____

City/State:_____

Show/Rodeo:_____

EVENT:_____

Draw #:_____ Time:_____ Placing:_____

Entry Fee: $_____ Winnings: $_____

ARENA:_____

City/State: _____

Show/Rodeo: _____

EVENT:_____

Draw #: _____ Time: _____ Placing: _____

Entry Fee: $ _____ Winnings: $ _____

ARENA:_____

City/State: _____

Show/Rodeo: _____

EVENT:_____

Draw #: _____ Time: _____ Placing: _____

Entry Fee: $ _____ Winnings: $ _____

ARENA:_____

City/State: _____

Show/Rodeo: _____

EVENT:_____

Draw #: _____ Time: _____ Placing: _____

Entry Fee: $ _____ Winnings: $ _____

ARENA:_____

City/State: _____

Show/Rodeo: _____

EVENT:_____

Draw #: _____ Time: _____ Placing: _____

Entry Fee: $ _____ Winnings: $ _____

ARENA:_____
City/State:_____
Show/Rodeo:_____
EVENT:_____

Draw #:_____ Time:_____ Placing:_____

Entry Fee: $_____ Winnings: $_____

ARENA:_____
City/State:_____
Show/Rodeo:_____
EVENT:_____

Draw #:_____ Time:_____ Placing:_____

Entry Fee: $_____ Winnings: $_____

ARENA:_____
City/State:_____
Show/Rodeo:_____
EVENT:_____

Draw #:_____ Time:_____ Placing:_____

Entry Fee: $_____ Winnings: $_____

ARENA:_____
City/State:_____
Show/Rodeo:_____
EVENT:_____

Draw #:_____ Time:_____ Placing:_____

Entry Fee: $_____ Winnings: $_____

ARENA:_____

City/State:_____

Show/Rodeo:_____

EVENT:_____

Draw #:_____ Time:_____ Placing:_____

Entry Fee: $_____ Winnings: $_____

ARENA:_____

City/State:_____

Show/Rodeo:_____

EVENT:_____

Draw #:_____ Time:_____ Placing:_____

Entry Fee: $_____ Winnings: $_____

ARENA:_____

City/State:_____

Show/Rodeo:_____

EVENT:_____

Draw #:_____ Time:_____ Placing:_____

Entry Fee: $_____ Winnings: $_____

ARENA:_____

City/State:_____

Show/Rodeo:_____

EVENT:_____

Draw #:_____ Time:_____ Placing:_____

Entry Fee: $_____ Winnings: $_____

ARENA: _____

City/State: _____

Show/Rodeo: _____

EVENT: _____

Draw #: _____ Time: _____ Placing: _____

Entry Fee: $ _____ Winnings: $ _____

ARENA: _____

City/State: _____

Show/Rodeo: _____

EVENT: _____

Draw #: _____ Time: _____ Placing: _____

Entry Fee: $ _____ Winnings: $ _____

ARENA: _____

City/State: _____

Show/Rodeo: _____

EVENT: _____

Draw #: _____ Time: _____ Placing: _____

Entry Fee: $ _____ Winnings: $ _____

ARENA: _____

City/State: _____

Show/Rodeo: _____

EVENT: _____

Draw #: _____ Time: _____ Placing: _____

Entry Fee: $ _____ Winnings: $ _____

CONTACTS & NOTES

_____

_____

_____

_____

_____

_____

_____

_____

_____

_____

CONTACTS & NOTES

Made in the USA
Monee, IL
09 December 2019